Gezeitenwinde

Diese Gedichte und Aphorismen sind Ende des 20.Jahrhunderts., zumeist in Hamburg und während meines Psychologiestudiums entstanden.

Ich habe eine einfache Gestaltung gewählt, so können sie sich leichter entfalten.

Chiara Schulten, Hamburg, am 04.11.2023

gedankengewitter

sturmwind fegt durch meinen kopf

schrilles Möwengeschrei

dröhnt in meinen Ohren

in den augen beginnender niederschlag

auf der wangenlandschaft erste rinnsale

um den mund zucken blitze

sturmflutwarnung

träum' ich?

Ich träume mich

in mich

um mich

ich träume dich

um mich

ich träume mich

in mich

aus mir heraus

um dich herum

warum

um dich

weil ich

eben dich

darum du

träum' ich?

Ich liebe dich

weil

ich dich liebe

weil

ich dich liebe

weil

mein kopf beginnt
den bauch zu lieben

herz
steht
kopf

auf meinem baum

da ist eine
hoch oben
in den zweigen

die streckt die arme aus
weit hinaus
in die unendlichkeit
die weiß wo alles hinführt
die hat den weitblick

in meinem stamm
versteckt
da ist eine
die streckt die arme aus
nach all den anderen bäumen
die weiß
was
lieben hoffen sehnen ist
die hat ein herz

in meinen wurzeln
da wohnt eine
die hat sich sanft
ins moos geschmiegt
die weiß
was
ein zuhause ist
die ist
zuhause

draußen
regenmusik

sanftes plätschern
auf asphalt

ein schleier
aus geräuschen
eng verwoben

entfernte nähe

dann bilder von dir
wieder stetiges erahnen

du unterwegs

ich träume mich
auf deinen weg

offenes herz fließt weit

tiefe alte sehnsüchte
neu und ungestüm

aus meinem schoss
gesänge fließen

rot und warm
und
ahninnen zart
die zukunft weisen

tief und einhüllend
rund
vertrauen

wir sind

hoffnungsgrüne blätter
im wind
des lebens

er lädt uns ein
zum tanz
der jahreszeiten

von augenblick zu augenblick
ist er weniger rau
zieht sich zurück

dann neigen wir uns
einander zu
in einer zärtlichen berührung

plötzlich grollt er
treibt uns auseinander
dass wir im sturm
erzittern

regen perlt
an uns hernieder
wie tränen
die zur erde
fallen

um wie wir
den ewigen kreislauf
zu erfüllen

am anfang
war das leben
und
das leben
war in uns

doch
da kam die macht
und
trug es von dannen

doch
da kam eine frau

den stein
zu werfen

gegen den
der das leben
stehlen wollte

so mehrten sie sich
reichlich
und
machten die macht
der erde untertan

vergiss mich nicht

    die endlose schwärze
    kriecht in alle seelen

    das ende hämisch lacht
    ein letztes mal

    vergiss mich nicht

    beim strahlenden
    abgang
    der menschheit

        ich liebe dich

        immer noch

        immer

hagel peitscht
durch alle gassen

in deckung geht
wer eine findet
im großen grauen
einheitshäusermeer

mutter natur
schießt heute scharf
vielleicht ein letztes mal
warnschüsse

der eisige hocherhobene
zeigefinger
schlägt verzweifelt heftig
an jedes fenster

menschen zittern fröstelnd
der wind pfeift's schrillend
selbst durch die kleinste mauerritze

last minute service

letzter aufruf

aus schwarz
gebiert die nacht
den schein des tages

aus blütenfunkeln
grün
und
himmelsklar

aus hummelbrummeln
blätterrauschen
regentakt

das licht
das licht

erstrahlt
im
sonnentag

grenzen

klebrige netze
aus einbahnstrassen

tiefer verstrickende
widerstandsversuche

ersticken
verbleibenden
lebenswillen

in endloser starrheit

wenn du mich
fragen würdest:

mein herz ist
wie der ozean
groß und weit

von ufer zu uferreichend
schlägt es mutig tosend
wie die brandung
an die klippen
jeden stein zerfließend

wenn du mich
fragen würdest:

ist zukunft
die farbe der schaumkronen
ist keine grenze wirklich
da sind nur
wellen stürme
und unendlichkeit
die rhythmische bewegung der see

wenn du mich
fragen würdest!

Das blatt papier
es grinst mich an
unbeschrieben weiß

verwebt sein lachen
zu fäden meiner stummheit
zu einem kokon
aus sich windendem schweigen

die larve wälzt sich noch
im aufbegehren der gefühle
bis der vorhang reißt

erlöst
geliebtes wildes tier

leben

hochgezogene schultern
erwarten inbrünstig
ob die
zusammenschlagenden
wellen
ringsum
mich
vielleicht dennoch
vorwärts
schleudern
werden

seifenblasenspiel

letztendlich
wenn
ich die ganze flasche mit seifenblasen
aufgebraucht
habe

werde ich
wohl einsehen
müssen

dass sie alle
zerplatzen
wenn sie
auf den boden kommen

aber
schön anzuschauen
sind sie
trotzdem

SCHREI

die lähmung hält noch an

TROTZDEM

werde ich kämpfen aufbegehren

KÄMPFEN
die mit dem geschmack von leben erfüllte luft
in meine lungen zu pressen
um einen unendlichen

SCHREI

der befreiung meines ichs
staunend

zu vernehmen

treibenlassen
im meer der zeit

geborgen

wellen verstreichen
liebkosend

im auf und ab
der gezeiten

harte kanten
rund
und
fließend

wieder
kriechen schatten
schleimend
durch die strassen

wohl bekannte schritte
treten krachend
ins gesicht der nacht

ein feuersturm
fegt bebend hoch
in vielen herzen

jetzt trommeln fäuste
an die mauern

nie wieder
nie wieder

hier
in unserm land

ich will

meine traurigkeit
sammeln
wie steine
zu einem großen berg

dann gehe ich fort

endlich
neugierig
leben
zu entdecken

abschied

scharfes schwert

trennst
altes vom stamm

machst platz
für junge triebe

stadtleben

statt leben

neonhell
grau
graublau bitterblau
grellgelb rauschrot
neongrell

statt liebe
make ups

statt wärme
klimaanlagen

stadtkälte

fallenlassen

lodernde seeschlangen
im flammenmeer
unserer berührungen

hineinstürzen
im rhythmus
der pulsierenden wogen

tiefer
und
tiefer
hinab

in einem ewigen
moment
der grenzenlosen
stille

am grunde verschlungen
verschmolzen

zu rotweiser glut

derweil
der putz
abbröckelt
tritt der kern
hervor
verschämt
zwar noch
jedoch voller hoffnung
sich nicht hinter
einer neuen fassade
verstecken
zu wollen

unterwegs

ist zuhause

ein gedanke

fast verschreckt schon

wieder

zwischen

gestern und heute

bewegte
begegnungen

verlassen erahnend

fällt uns nichts
mehr ein
werden wir
ausfallend

ziehen grenzzäune
setzen mauern

hinter welchen
uns die sehnsucht
nach berührung schmerzt

paradox

mitgehen

mit hinab
in deine schluchten wagen

angst vor angst
absturzgefährdet

dich haltend
wenn der boden
losbrechend
in der unergründlichkeit
verschwindet
dich wärmend
wenn am tiefsten punkt
die kälte
erbarmungsloses schweigen
friert
aus deinen tränen
stufen formen
aufwärts
den pfad zum licht
erfinden

eiszeit

zärtliche blicke erfrieren
an wänden aus eis

es ist an der zeit
inneres eigenes feuer
zu entzünden

wärme und hoffnung
in der zweifelhaftigkeit

wildwasser

schäumende fluten
pulsende wogen

ein schier endloser fluss
zwängt sich durch kanäle
tritt über ufer
lässt mauern zerbersten

flucht nach vorn

nutzlose barrieren
bleiben zertrümmert zurück

das meer

auslaufende wellen
verbinden sich mit der unendlichkeit

es fließt

       zeitlos

liebe

webe

wallend

weiche

netze

webe

wirklichkeiten

die lebendigkeit

verbreiten